# DISCOURS

## POUR LA FÊTE DE LA JEUNESSE,

PRONONCÉ par le citoyen LAROCHE,

Administrateur Municipal,

*Le 10 Germinal an VII de la République Française, une et indivisible.*

# CANTON DE PARIS.

## MUNICIPALITÉ

### DU I<sup>er</sup>. ARRONDISSEMENT.

# DISCOURS

## POUR LA FÊTE DE LA JEUNESSE,

*Prononcé le 10 Germinal an VII, par le Citoyen LAROCHE, Administrateur Municipal.*

Salut, jeunes Citoyens ; salut, Vierges aimables, destinées à devenir un jour épouses et mères de François.

A

La Loi nous réunit pour célébrer votre attachement à la Patrie, et pour vous offrir les palmes dues à vos vertus ainsi qu'à vos talens. La noble simplicité qui caractérise cette fête ; le sentiment qui, seul l'embellit et la pare ; la touchante expression de la joie marquée dans les yeux des citoyens empressés d'y concourir ; tout est dans un parfait rapport avec les qualités heureuses qui distinguent votre âge et nourrissent les espérances qu'il donne.

Connoissez donc, intéressante Jeunesse, l'importance et la grandeur de votre destinée ; sachez apprécier les moyens de la remplir ; et pour vous en assurer l'imperturbable jouissance, gardez-vous, en entrant dans la longue carrière que vous avez à parcourir, de vous y proposer d'autres triomphes que ceux qui nous rassemblent.

Vertus , mœurs et talens , soyez à jamais , sur la vaste étendue du sol républicain , les objets du noble orgueil et de la haute ambition des individus appelés à remplir les devoirs qu'impose l'auguste titre de citoyen françois.

Je vous dois, heureuses créatures qui n'avez encore pour guide que votre innocence , le tribut de mes foibles lumières : l'expérience de mon âge, plutôt que mes facultés dont je connois les bornes , me les a fait acquérir : je vais m'acquitter envers vous. Les conseils que je me permettrai de vous donner seront ceux que, comme père , je crois devoir aux enfans qui composent ma famille. Ce n'est point mon autorité , c'est mon cœur qui les leur donne : les vôtres sont si purs , les sentimens dont ils me pénètrent sont tels, qu'il m'est impossible d'emprunter un autre organe pour me faire entendre de vous.

Pour vous bien pénétrer du caractère et du but de cette fête, il faut la considérer sous tous ses rapports et dans ses principales dispositions ; mais particulièrement dans celles dont nous allons nous occuper.

La sagesse des Législateurs ne l'a pas, sans intention, placée à l'époque où la terre toujours riche, toujours féconde et tirant son éclat de ses propres dépouilles, se revêt du luxe moins fastueux qu'attrayant de la renaissante verdure. C'est avec raison qu'elle vous appelle à la célébrer dans le mois où ses germes développés lui font répandre au loin l'odeur des parfums que l'aurore distille en diamans sur le calice des fleurs, en attendant qu'elles produisent leurs fruits.

C'est ainsi qu'embellie de tous les charmes et des grâces du bel âge, vous devez, aimable Jeunesse, profiter des leçons de vos maîtres pour cultiver les sciences et les arts, étendre vos connoissances, et perfectionner votre raison. Unissez à vos agrémens naturels, aux talens acquis l'exemple des vertus publiques et privées, et donnez à la Patrie ainsi qu'à vos familles, des gages irrécusables d'un loyal et pur amour. Osez être Républicaine et de cœur et d'esprit. Vous n'avez point fléchi sous le joug d'un maître ; les premiers momens de votre existence datent de ceux où, guidée par le flambeau de la raison, la saine philosophie parcourant le globe, voulut éloigner des cours les vils esclaves des plaisirs et les dangereux fauteurs des erreurs et des passions des Souverains, pour assurer aux mortels jaloux d'une liberté pure et sans tache la noble indépendance qui convient à l'homme. Que la sa-

A 3

gesse de votre conduite vous main-
tienne donc dans les prérogatives de
votre dignité première. Puisse-t-elle
faire un jour le bonheur et la gloire
de votre pays et des parens qui se
féliciteront de vous avoir donné l'être
dans un tems où le soleil de la liberté
éclairoit en même tems l'un et l'autre
hémisphères !

C'est alors qu'on verra la grande
Nation, aujourd'hui si imposante au-
dehors, plus affermie encore dans sa
puissance et devenue vraiment libre
au-dedans, ne présenter qu'une cité d'a-
mis faisant renaître, par leur touchante
simplicité, les vertus, et par une consé-
quence naturelle, les beaux jours de
l'âge d'or. C'est alors que, continuant
de rappeler, par les choix heureux et
qu'elle a déjà su faire et que sa sagesse retrouvera dans de nouveaux talens et des vertus publiques ; continuant, dis-je, de rappeler les noms

à jamais fameux des Solon, des Epa-
minondas, des Thémistocle, des Ci-
mon, des Aristide et des Léonidas,
elle jetera sur sa liberté le plus solide
éclat, en l'établissant sur les bases
inébranlables de la sagesse, des lumières et des talens, et qu'elle saura
conquérir enfin l'attachement, l'estime
et le respect des autres Peuples.

C'est à vous, Jeunesse, sur laquelle
repose en effet l'espoir de la Patrie;
c'est à vous pour qui nous avons fait
tant de sacrifices dont vous recueillerez
les fruits; c'est à vous qu'il appartient
de réaliser un jour ce vœu des cœurs
vraiment français.

Dans le nombre des Héros grecs
dont je viens de vous citer les noms,
je n'ai rappelé ni celui d'Alcibiade, ni
celui de Périclès, quoiqu'ils se soient
fait connoître l'un et l'autre dans un
âge très - rapproché du vôtre. Je ne
crois point que leur conduite puisse ou

doive servir de modèle à de jeunes Français.

La Nature avoit épuisé sur l'un tous ses dons ; il en abusa pour violer souvent l'asile de la pudeur. Aspasie gouverna l'autre qui, sous les formes non moins aimables qu'engageantes d'une popularité factice dont Alcibiade eût peut-être autant que lui le secret, ne fut qu'un usurpateur déguisé, et l'amitié, dit-on, ne put pas toujours compter sur ses droits auprès de lui. Tous deux furent grands Capitaines ; tous deux rendirent à leur Patrie des services signalés ; mais le ressentiment du premier faillit mettre Athènes au pouvoir de son ennemi ; et les nombreux monumens du luxe et les chefs-d'œuvre des arts, répandus avec profusion par le second, ruinèrent le trésor de l'Attique, et firent succéder, à l'antique amour de la liberté, des goûts qui firent perdre de vue aux Athéniens la

salutaire conservation de l'esprit pu-
blic, la première et la plus solide base
de la puissance et de la grandeur d'une
Nation.

Que leur exemple vous prémunisse
contre de pareils dangers. Respectez
l'inviolable sanctuaire de la pudeur;
ne cessez jamais de porter vos vœux
au pied de l'autel de l'amitié; mais
surtout sachez immoler à votre patrie,
et vos dégoûts, et vos chagrins : res-
tez-lui fidelle; et si vous éprouvez des
peines cuisantes, si votre cœur est dé-
chiré, que votre devoir soit accompli.

Persuadez - vous, en un mot, que
« *la Jeunesse*, ainsi que nous
l'a dit le Ministre de l'intérieur,
dans sa lettre du 17 du mois der-
nier, » *est la saison de la vie qui*
» *s'écoule le plus vîte; mais que*
» *c'est aussi l'âge dont l'emploi peut*
» *rendre le reste de la vie plus*
» *heureux ou plus malheureux.* »

A 5

Ce texte rapproché de cette autre phrase renfermée dans la même lettre : « *s'il n'y a que les peuples* » *vertueux qui sachent conserver la* » *liberté, il n'y a que les peuples* » *éclairés qui sachent la connoître* » *et l'apprécier.* » Ce texte d'un grand maître dans la science politique et morale, vous instruit mieux que vous ne pourriez l'être par moi, et laissé aux réflexions de vos instituteurs toute la facilité du commentaire. Je passe aux autres dispositions de cette Fête, dont on vous a donné connoissance par l'Arrêté du Directoire exécutif, du 19 Ventôse an IV.

Vous ne vous refuserez pas sans doute, jeunes Citoyens, à mettre à l'abri de toute atteinte, à protéger vous-mêmes le toit paternel et celui de vos concitoyens. Nous sommes les anneaux d'une même chaîne : nous nous devons de mutuels secours, et nous ne sommes en ce monde que pour y faire l'échange de nos moyens d'être utiles les uns aux autres. Votre armement n'ayant point d'autre objet , ce devoir est donc sacré pour vous.

Le seroit-il moins , s'il falloit voler à la défense de votre Patrie ? Non , sans doute : vous êtes Français ; vous ne dégénérerez point de la vertu de vos ancêtres ; ce feu guerrier qui pé-tille en ce moment dans vos re-gards , me dit assez jusqu'à quel point on doit compter sur vous. Les services des conscrits, cités avec distinction ; la joie qui animoit les nôtres lorsqu'ils ont été joindre les phalanges répu-blicaines pour cueillir avec elles les palmes de la gloire, seroient d'ailleurs pour vous de puissans aiguillons. Mais il est inutile de vous faire sentir à quel point vous vous déshonoreriez, si vous refusiez au besoin, à votre pays, ce témoignage éclatant de votre

A 6

amour pour lui. Tout emploi dans la République peut devenir l'objet de votre ambition. Vos talens, vos mœurs, votre mérite, vos connoissances et vos vertus peuvent seuls la justifier. Que ne feriez-vous donc pas pour un Gouvernement qui vous appelle à tout, et qui, par l'Inscription civique, vous place dans un âge encore tendre, au rang des Citoyens qu'il considère et qu'il estime ?

Je ne vous parlerai donc ni des peines dont le lâche est menacé, ni de l'infamie qui s'attache à sa personne. Un Français, je le répète, est, à cet égard, à l'abri de tout reproche. L'honneur se place sous ses yeux, l'appelle dans les rangs; il marche, et, s'il y trouve la mort, il n'a point pâli devant elle : frappé du coup qui va terminer sa vie, il ne fait entendre que ses vœux pour la France ; et quand la trompette a sonné la victoire, ses yeux se ferment satisfaits ; mais le laurier qu'il a reçu d'elle est porté, par son frère d'armes et son émule en gloire, à la beauté qui le pleure. Justement sensible à sa perte, mais fière de son généreux dévouement, cette tendre amante l'arrose de ses larmes, et son amour le place près du myrthe qui décore le cénotaphe dont ses regrets avoient honoré sa mémoire.

Que ce simple trophée de l'amour et de la gloire n'arrête pas plus long-tems nos regards. Qu'il ne suspende point les justes récompenses que méritent vos talens et qu'exigent vos vertus.

Ce sera vous, jeune Camus, (1) qui précéderez vos rivaux. Vous avez donné des preuves touchantes de piété filiale. Ce sentiment qui, à la honte des mœurs,

___

(1) Enfant de dix à douze ans, qui a obtenu le premier prix.

est malheureusement si rare aujour-
d'hui , porte en soi un tel caractère de
grandeur, qu'il vous mérite une préfé-
rence toujours honorable pour celui qui
l'accorde. Le cœur est tout sur la
terre , et si l'on y jouit quelquefois
d'un instant de bonheur , c'est toujours à la vertu qu'on le doit.

Votre inquiète tendresse a disputé
aux personnes qui entouroient votre
mère , le bonheur de la soigner. Cette
lutte, aimable enfant , quoiqu'elle pût
être indiscrète, en raison de la foiblesse
de votre âge , fait honneur à votre
ame. Le sommeil, pendant sa maladie,
n'a point rafraîchi vos paupières ; vous
l'avez retournée sur le lit de douleur ;
ses plaies ont été pansées par vous , et
vous avez enfin recueilli , dans le re-
tour de sa santé , le fruit de votre
tendre sollicitude. Grâces en soient
rendues à l'Eternel ! Puisse cette tendre
sollicitude n'être renouvelée que dans

la perspective de l'avenir le plus éloi-
gné ! Un bon fils ne peut trop long-
tems conserver une bonne mère. Votre
présence hier , au moment où l'on
nous rendoit ces détails, a fait couler
mes larmes ; votre couronne aujour-
d'hui va dilater mon cœur. Qu'elle sera
glorieuse pour vous , et quelle belle
leçon elle donnera à vos jeunes Ca-
marades !

« Oui, diront-ils , au moment où
» vous sortirez de leurs rangs pour
» recevoir cette couronne qui vous est
» destinée ; oui, nous sommes tous
» appelés à partager une semblable
» récompense ; nos cœurs nous en as-
» surent ; l'occasion seule nous a man-
» qué ; et si d'aussi tristes circons-
» tances nous l'eussent fournie , notre
» conduite eût été la même ».

Je n'en doute point, généreux enfans ; j'aime et j'admire cet élan de vos
ames ; il est l'heureux présage des plus

rares vertus ; mais craignez que , par
la suite , de dangereuses liaisons n'é-
teignent en vous de si louables sentimens. Le mélange indiscret des li-
queurs peut convertir en poisons les
plus salutaires. Il n'arrivera que trop
tôt , le rapide moment où le choix entre
les deux sentiers de la vie sera pour
vous l'objet du plus sévère examen. A
l'extrémité de l'un , bordé de fleurs , la
basse et vénale infamie se présentera
pour vous couvrir d'opprobres et vous
enchaîner peut-être à son poteau ;  au
bout de l'autre , jonché de quelques
épines , la gloire vous attend pour éclai-
rer vos triomphes et présenter vos noms
à la reconnoissance nationale. User
votre vie dans la fange des vices, ou
la dépenser dans la recherche des vertus : telle est l'alternative dont vous
courez les risques , si vous ne sou-
mettez point vos passions aux conseils
éclairés de l'aimable raison.

Pour écarter d'un côté des présages fâcheux, pour obtenir de l'autre des succès mérités, que faut-il donc faire? Le voici. Lorsque le sang bouillonnera dans vos veines, échauffera votre tête, exaltera vos idées et fera palpiter votre cœur, osez-y descendre, sondez-en les plus secrets replis, demandez-vous compte de vos vues, du but auquel elles doivent vous conduire, et prévoyez, dans un moment de calme, les funestes effets de la fièvre brûlante qui vous dévore. Telle devra être, dans ce moment de crise, votre précaution pour échapper au danger qui vous menacera. Comme on oppose une digue à la fureur des flots, écartez par une sage direction vers le grand, le bon et le beau, les orages de vos passions. En prévenant ainsi la difficulté de les surmonter, vous vous assurerez d'inaltérables jouissances.

Mais où trouverez-vous ce moyen de direction ? dans la sensibilité d'un cœur innocent et pur. C'est de ce moment où vos ames tendres, mais encore vierges, sont ouvertes aux plus foibles comme aux plus douces impressions ; c'est de ce court moment de la vie, dont vous aurez su faire un bon usage, que dépend votre destinée. Vos souvenirs, en se reportant sur votre printems, l'appeleront encore la fête de la vie lorsque vous toucherez au terme de vos jours, si, pendant leur cours rapide, cette douce sensibilité en a constamment fait le charme.

Est-il rien qu'on puisse lui comparer ? et n'est-elle pas en effet le foyer brûlant et l'ame de la vie, le germe fécond des plus rares vertus, dont jamais ne s'éloignèrent le repos, les consolations et la paix ? Cette vierge si belle et si naïve, ne lui

doit - elle pas ce vif et séduisant in-
carnat de la pudeur , cette aimable et
tranquille sérénité qui répand sur son
front un si doux éclat ? N'est-ce pas
elle , jeune adolescent , qui fait monter
le rouge sur tes joues , et les couvre
de cette pourpre agréable qu'on admire sur le duvet de la pêche ? Dans
la joie franche d'une fête champêtre
et sans apprêt ; sur la tombe solitaire
d'un ami qu'on regrette et qu'on
pleure , au milieu des jardins les plus
curieux par leur étendue , leur goût et
la beauté du site ; au sein d'une épaisse
et vaste forêt , où le soleil , depuis
plus d'un siècle , n'a pu faire pénétrer un seul de ses rayons : tout , dans
ces diverses situations où peut se
trouver l'homme sensible , développe
sous ses yeux des charmes que n'ap-
perçoit pas un œil ordinaire. Tout y
prend une teinte suave et douce qui
l'enchante , parce que tout y parle à

son ame expansive , la pénètre , y porte le feu le plus pur , et n'y laisse pour résultat que des affections mo- rales , dont le sublime langage fait ses délices. C'est ainsi, ô sensibité ! chef-d'œuvre de la nature aggrandie et perfectionnée , émanation céleste et touchante , c'est ainsi que tu verses dans le cœur de l'homme qui t'honore , ce charme heureux du sentiment qui lui fait trouver, par-tout où s'étendent ses regards, agrémens, paix et conso- lations. On n'existe , on n'est donc heureux que par toi! Ah! plaignons les cœurs faux qui n'ont jamais pu jouir de tes dons !

Et l'on te dit un présent funeste , ô sensibilité ! Ah ! ce blasphême n'est jamais sorti que de la bouche de ceux qui ne t'ont pas connue. Oui, tu en es un sans doute, lorsque , ressérée dans de frivoles goûts , tu deviens aussi ridicule qu'insupportable. Tu en es un, lorsque, renfermée dans de coupables affections, tu ne peux qu'empoisonner ta victime. Mais, considérée sous ce double aspect, c'est à tort qu'on t'appelle sensibilité. Non ; non, tu ne le fus jamais. Tu n'es que le produit d'une extravagante imagination, et des désordres d'un cœur corrompu. Immolés à l'irrésistible attrait de la véritable sensibilité, ces déréglemens de conduite, et ce délire d'une tête foible, n'auront plus prise sur une ame tendre, et cet attrait dont l'effet a pour elle tant de suites heureuses, ne lui permettra plus de prendre le change.

Alors, la courte scène de la vie sera toute employée pour l'homme sensible à ranimer l'énergie de cette grande qualité ; à lui donner ces développemens heureux qui aggrandissant à ses yeux l'horison, lui donnent en même tems un éclat non moins brillant que doux. Alors la toile multiplie ses prodiges sous le pinceau du grand. Peintre. Le bloc de marbre respire et prend une ame sous le feu du ciseau de l'immortel Statuaire. Le génie élevé du Poète dérobe la lyre d'Apollon, venge le bon goût et ramène, sur la scène dégradée, les déchirantes fureurs des passions de Melpomène, et la saine morale des aimables jeux de Thalie. Les monumens du plus beau style et du plus grand caractère, fixent de tous côtés des regards admirateurs. Des fabriques et des manufactures s'élèvent, des artisans, aussi nombreux qu'actifs dans les ateliers, y rendent au commerce une vie dont l'Etat a besoin. Des établissemens, dus à l'humanité souffrante, reçoivent sous leurs toits hospitaliers le vieillard, le malade, l'enfance abandonnée et l'indigent invalide. Tout enfin prend une nouvelle vie sur le sol français, et ces prodiges sont l'ouvrage de la sensibilité bien dirigée.

*Vive la République et la Constitution de l'an III ! Guerre au gouvernement anglois.*

LAROCHE,

*Administrateur municipal, membre de plusieurs sociétés savantes et littéraires.*

A PARIS, de l'Imprimerie de J.-Ch. Laveaux et Compagnie, rue du Faubourg Honoré, Maison ci-devant Beauveau.

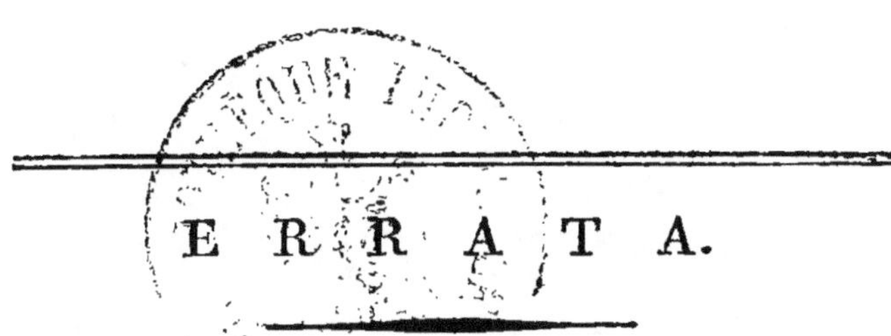

# ERRATA.

Page 6, ligne 10, C'est alors *lisez* : Ce sera alors. — Page *idem*, ligne 19, par les choix heureux et qu'elle *lisez* : par les choix heureux qu'elle.

Page 21, ligne 18, pour l'homme sensible *lisez* : par l'homme sensible.

www.ingramcontent.com/pod-product-compliance
Lightning Source LLC
Chambersburg PA
CBHW061724060726
47597CB00006B/2545